La Vague des hiers

Du même auteur

À la limite du désert, Les Chemins de Traverse, 2001

L'amour domine la solitude, Les Éditions du Net, 2013

Du sentiment à perdre, Éditions BoD, 2014

Chant de ruines, BoD, 2015

Une torche allumée au cœur des crocs, BoD, 2018

Les reproches n'éloignent pas, BoD, 2019

Traces d'un pays, BoD, 2021

Renversement de tendance, BoD, 2022

Un blog notes ouvert en novembre 2011 :
http://www.pascaloupdesavoie.fr/

© Pascal Verbaere, 2022.

Pascal Verbaere

La Vague des hiers

Copyright © Pascal Verbaere, 2022
Édition : BoD – Books on Demand, info@bod.fr
Impression : BoD – Books on Demand,
In de Tarpen 42, Norderstedt (Allemagne)
Impression à la demande
ISBN : 978-2-3224-2067-4
Dépôt légal : août 2022

Battements de sort

La première cloche de l'année sonne au collège de la Rose. Un professeur a des cheveux de neige. Les petits élèves qui l'attendent derrière leur masque obligatoire secouent son vieux manteau avec les vœux que l'on peut faire au-dessus d'un berceau. Il leur arrive souvent de lui demander : " *Monsieur, vous avez des enfants ?* " D'un calme perturbé, le professeur oppose toujours une résistance : " *Oui, 328.* " Un chiffre revu tous les quatre ans, sans être corrigé. Seul l'adulte mérite le tableau noir.

Seconde sonnerie. Les élèves et l'enseignant documentaliste reprennent à leur compte la devise du 35e Régiment d'Infanterie de Belfort : " *Tous gaillards, pas d'traînards* ".

En attendant d'évoluer sous les drapeaux de la restructuration de l'établissement (d'autres cheveux de neige seront à hisser), le centre de documentation et d'information a déposé âme et ouvrages au premier étage d'un bâtiment ne perdant pas de vue le col de l'Épine. Il fait bon vivre au CDI, d'autant que l'on peut y trouver des livres de poésie en pleine forme fixe (haïku, tanka). Au sortir de la cinquième, chaque élève réalise plus ou moins qu'il a été l'auteur d'un mélange de verve poétique et de vigueur mathématique : *Rayons de haïku*, *L'empreinte du triangle*, *La griffe des mots étoilés*... Et un, et deux, et trois recueils de héros ! N'oublions pas de saluer un collègue éclaireur en la matière.

Les bleus ont bien compris qu'ils étaient dans l'étoile d'attente. Pour les faire patienter, le professeur, qui a enlevé son manteau, leur ouvre dix mots à tirer au sort : aile, allure, buller, chambre à air, décoller, éolien, foehn, fragrance, insuffler, vaporeux.

À charge individuelle de composer au minimum un tercet, sans obéir forcément à la rime, châtiment textuel. Comme le thème fédérateur de la nouvelle édition du concours lié à la semaine de la langue française et de la francophonie est l'air, l'homme qui garderait tous les classiques de la bibliothèque s'il n'écoutait que sa soif de lecture a trouvé un titre pour le futur opuscule sur la bascule : *Souffleurs de vers*.

Et voici qu'il se souvient d'avoir fait, le cœur léger en compagnie de sa grand-mère paternelle, une petite traversée pour découvrir un souffleur de verre sur l'île de Bendor. C'était il y a une quarantaine d'années, tout juste à la sortie du cinéma de Bandol où s'affichaient les charmes du remake américain d'*À bout de souffle*...
Dans la salle obscure, encore froid d'une licence en droit, notre ami, anonyme jusqu'au prénom alors, avait ignoré la loi de la plume : transformer l'ombre en lumière.

L'ouvreuse du *caméra d'or* a une ligne du tonnerre, à faire fondre tous les esquimaux de sa corbeille. Sur l'écran, Valérie n'est pas en reste. Je la regarde, comme un fidèle de Notre-Dame-de-la-Garde. Plus star, elle dira de son être donné en spectacle : " *La nudité n'est pas gênante, elle est comme habillée de ma jeunesse.*" Fondu enchaîné... Il faudra huit ans à Pascal pour traduire l'image en poésie et oublier, du même coup de cœur, qu'un spectateur ne saurait ajouter son synopsis à la vie d'une actrice.

Automne 1989, dans l'encrier, *Moteur !*

Cinéma parlant *

Quand l'écran s'attachait
Les images de sex-symbol
Son visage se détachait,
Brûlant de l'ardeur en gondole.
Venise au corps
Elle flottait dans la lumière
Et prise d'un amour fort
Donnait un enfant aux salles entières.

Aussi les scènes de nu
Rien ne serre de renier ;
Et puis, une petite reine porte aux nues
Le couchant qui vient la baigner,
Comme sa peau de source
Monte en chaire et déroule
Le manteau de la Grande Ourse
Sur notre pauvre terre de houle.

Le docteur Jivago, au bout de la nuit inspirée, tend un poème à Lara. Elle a l'innocence de lui dire : *" Ce n'est pas moi, Youri, c'est toi."*

À Paris, au cœur de l'agence Artmédia, autrement dit sur le bureau de Dominique Besnehard, une lettre, expédiée d'une *petite ville au monde où l'on goûte la douceur de la vie dans un commerce agréable et sûr* , n'attendra pas un taxi de Manhattan pour être transférée au domicile d'une diseuse de bonne aventure.
Le pli est ouvert et sans doute refermé aussitôt : *" C'est qui ce malade ? "* Premier silence en retour. Il en faut plus pour éteindre la fièvre d'une voix.

L'envie sauve

La mort aux trousses
De tout à chacun, sa jolie frimousse
Annonce l'humain encor né.

Ainsi fait-elle réponse au saint-père,
Quand il dit producteur
À la ville et à l'univers :

" Nous demandons que soient illuminés
Les yeux de notre cœur ".

De mèche avec la crèche de Noël, une apparition au coin du journal télévisé de Patrick Poivre d'Arvor nourrit le feu si cher à Franz Kafka.
Le temps de savourer la bohémienne de mamy, un petit baigneur à Six-Fours se rallume :

Valérie !

Non seulement tu arrives à la cheville de Milena : force et douceur sont les gosses de ton cœur, mais en outre tu es la cheville ouvrière de sa mise en lumière. Et quelle émotion de voir ta réalité de jeune femme dépasser la fiction !
Adorable coup de foudre, je brûle la politesse au marchand de sable et t'adresse une pluie de bisous.
Chloé – chérie noire – et Caïssa – panthère dodue – espèrent recevoir un miaou de Cajou.

Sur le toit du temps qui nage le papillon, une photo supplante le mistral et les nuages se fendent d'une légende :

Merci pour cette gentille lettre.
En espérant que " Milena " vous plaira.
Pour Pascal Valérie Kaprisky.
Jan. 1991.

Le cinéma Curial ne tarde pas à programmer le film de Véra Belmont. Comme un double de l'affiche est dans la vitrine du théâtre Charles Dullin, mes yeux parlent pour l'emporter ; je rentre chez maman, au Parnasse de la joie.

Trente ans ont passé et Franz Kafka ne m'en veut pas d'avoir gardé cet ouragan dans ma chambre. C'est assez admettre tout ce que Valérie incarnait au fond de mon être. Et le recueil *À la limite du désert*, que l'on peut trouver en rez-de-jardin à la Bibliothèque nationale de France, ne témoigne pas forcément à charge contre moi. J'étais déjà tout entier dans ce que je pouvais écrire, sans pour autant prétendre la méduser, d'une complainte en plein zéphyr.

---

*Au *Cinéma parlant*,
she don't like these words *: sex-symbol*.

http://www.pascaloupdesavoie.fr/2022/01/un-souffle-de-purete.html

VALERIE KAPRISKY
GUDRUN LANDGREBE

PETER GALLAGHER

STACY KEACH
NICK MANCUSO

MILENA

DESTIN

un film de
VERA BELMONT

JACQUES PENOT
PHILIP ANGLIM DANS LE ROLE DE KAFKA

À la limite du désert

édition revue et diminuée

Acte de priorité

Elle doit sans conteste
Être logée à bonne scène.

La plume dont il atteste
N'en vaut pas la peine.

L'important, c'est ce qu'elle ose
Face à l'ordre des choses.

Sans faire le moindre bruit,
Impossible d'en démordre
Au fond du puits.

L'étoile rouge *

Il y aura bientôt trois hivers,
Le mur de Berlin tombait
Dans la mémoire du peuple.

Un coup de théâtre, si de l'oubli pour tous
Au comble du rideau de fer on veut débattre.

Tenez, camarades, quai de la Gaîté,
Suivons Anna et Kathia
Sur le brise-glace aux armes de Béria.

En mer de Kara, nous saurons mordre
Au degré zéro de bravade, à tordre
Comme une ouvrière de Staline
La tripe d'une passagère clandestine.

Sa flèche est architecte de notre amour *

Comme si Milena emprisonnée à Pankrac
Pouvait ne pas donner l'horizon dans son arc,

Valérie ne devrait pas se priver d'écrire
Au-delà de tout ce que je peux lire.

Les lettres de l'enfant rebelle
Ouvrent la cage au rêve paternel.

La roue tourne

À Sanary-sur-Mer, croquer le panorama
D'un œil sec relève du présent impossible.
Comme au mistral communiant où la balade
De Mamie était mon bâton de jeunesse,
Je monte d'un pas vif à l'Oratoire. Tout près
De Notre-Dame-de-la-Pitié, le moulin gris
Ne se fait pas prier pour moudre encore
Le grain de sénevé. À la fin des années trente,
Svastika hurlant, Alma Mahler et Franz Werfel
S'y réfugièrent. Valérie viendra-t-elle nous rejoindre ?
Avec le meunier qui s'endort, j'en doute.
À quoi bon l'amour quand il n'y a rien à craindre ?

*La maison de Cousteau touche aussi le haut /
photo prise par l'auteur le 10 août 2018 à 14h20.*

Horloge sidérale *

Faut-il que tu sois sacrément amoureux
Pour porter au bras le temps de ses yeux
Et coucher l'hiver sur les vingt heures,
Impatient d'être bordé du bel été à cœur.

Oui, faut-il que tu sois sacrément amoureux
Pour lui conter à l'autre bout du feu :
Lève-toi mignonne ; ta vie australe
Recule la borne de ma mort boréale.

Bonification *

Les jours du vivre séparés
Commencent à s'évanouir
Sous la croix du Nivolet.

Aphrodite, sur les conseils de Thalie,
A fait un dessin de concorde à croquer
Pour une pomme quelque peu talée.

En infini de connaissance *

La vallée encore verte de sa fleur d'oranger
Est peut-être trop éloignée de Chevreuse
Pour se poser en sillon de la vie heureuse,

Mais je demeure résolu à me ranger
Au cœur étincelant de notre amour
Comme aux bras qui lèvent le jour,

Pour chanter *real love* avec elle
Sur le chemin où nous saurons hacher
Menu tout ce qui voudra nous attacher.

Point de rencontre *

Contrairement à ce qu'elle pourrait tancer
Du jeudi 6 mai 1993 mal avancé,
Je ne suis pas heureux qu'il pleuve
Sur le ciel bleu de notre preuve.

Repartons en trombe d'Ô
Vers la tribu qui verse dans le mélo
Ce grand soleil dont ses huit ans
Prenaient déjà la veille courageusement.

Métro sans défense *

On m'a trop catalogué comme un petit soldat,
Fût-il première classe sous le lion de Belfort,
Et il n'est pas trop gloire pour dire *da*
Au croisement de nos sorts.

Reste que je ferais mieux de me résoudre
À déposer les charmes de ce ticket,

Si j'en crois sur le quai
Impérieux de l'Étoile
Sa désertion à coudre
Ma main du fil de son voile.

Zoom

L'étoile rouge

Au théâtre de la Gaîté-Montparnasse, sur les trois coups du 24 janvier 1992, la rencontre de deux passagères n'est pas réduite en pièce de Daniel Besnehard.

Sa flèche est architecte de notre amour

Comme chacun devrait le savoir, Milena Jesenka, journaliste tchèque (*V boj* – Au combat !) de la vérité, de la justice, de la liberté, fut arrêtée par la Gestapo le dimanche 12 novembre 1939, incarcérée à la prison de Pankrac quelques mois, déportée au camp de Ravensbrück où elle rendit seulement l'arme de son corps le 17 mai 1944. Derrière les barreaux de Pankrac, elle eut l'horizon de voir sa petite fille Honza, née de son union avec l'architecte Jaromir Krejcar, correspondre en chair et en mots au contraire d'un baisser de rideau.

Et, sur le pont de *Libération*, d'entendre le souffle d'une petite annonce : " *Moi qui ne voulais pas fêter la Saint-Valentin toute seule, je t'envoie de gros bisous. J'espère que Savoie bien. À bientôt pour ma fête ! Ton cœur qui t'Aime* ".

Horloge sidérale

Ce 8 décembre 1992, à l'antenne de *Faut pas rêver* (un bon conseil difficile à suivre), c'est l'heure pleine d'une future Australienne...

Bonification

Un troubadour, disons plutôt un trouble amour, se retrouve tout seul le 28 avril 1992 à 10h30 devant le théâtre de la Gaîté, avec des lilas en pleurs à donner à un poinçonneur...
Au cimetière du Montparnasse, il perd le fil de son plus tendre projet. Ce marbre ne dure pas, malheureusement. Il croit qu'une nouvelle petite aumône dans *Libération* le couvre d'un baiser : " *Tranquillise-toi, un rêve d'absolu naturel nous unit. Notre vie éditera lignes – actes d'amour avec encore plus de fantaisie.*"

En infini de connaissance

Pour Yoko Ono et John Lennon.

Point de rencontre

Une nouvelle confusion romantique. Pascal égare un bouquet porte Dauphine et, tel un duc de Savoie qui ne sait pas faire de château dans le bois de Boulogne (au Carrefour des Cascades pour être précis), il n'oppose aucun rempart à cette troisième lance de *Libération* : " *Amour, jeudi les bras ouverts et no body (bis). Duchesse a craqué.*"

Ce grand soleil dont ses huit ans prenaient déjà la veille courageusement : " *C'était à Cannes... Il y avait un gros nuage, un moyen nuage et un petit nuage et j'inventais l'éternelle histoire du papa, de la maman et du petit bébé...*

À un moment, il y a eu un orage terrible et le petit nuage a été arraché des deux autres, s'est éloigné définitivement."

Métro sans défense

Il faut une grande armée pour secourir un cœur qui a le don de se détruire. Je remercie Albert, Bernard, Philippe, Raphaël, Lucien, mes frères de Belfort, de m'exhorter à me montrer moins gaillard et, au poste de téléphone du dimanche 9 février 1997, un réalisateur et poète de m'avoir révélé à jamais traînard au sentiment d'honneur qu'il partage avec une Star.

L'amour domine la solitude

édition revue et diminuée

*" Mon ami a vieilli et voudrait un foyer
auquel être attaché, et sortir dans la nuit,
s'arrêter sur l'avenue pour regarder la lune,
mais trouver en rentrant une femme docile,
une femme tranquille, attendant patiemment.
Mon ami a vieilli et ne se suffit plus."*

Cesare Pavese,
extrait du poème *HABITUDES*, 1936 /
Éditions Gallimard, 1969,
traduction de Gilles de Van.

Pour qui sonne le glas *

Elle a édifié sa vie
Pendant que je creusais ma mort.

Autant noyer le cœur qui garde l'envie
D'un foyer redresseur de torts.

Refuge

Au cybercafé, j'étais triste à réseauter
Quand une sonnerie de portable
M'a rappelé à l'auberge rouge.

Une cordée dans la neige du Revard,
Des agapes et de vrais regards ;
Au fond, quoi de plus accueillant ?

Complice d'un tel chœur au bout du fil,
J'ai coupé court, avec la main gauche
Et la souris de service, à l'absence d'amour.

Sans retenue *

Sur la piste de Val d'Isère,
À l'altiport, j'ai attendu Gabrielle
Avec un bouquet d'immortelles.

La poudreuse aux yeux,
Une couche de comté
A fondu au coin du feu.

Gaby m'a rappelé que l'âme
De Tignes avait servi de gage
Au géant du barrage.

Et le clocher englouti
Pour jamais a résonné
Dans nos cœurs à l'unisson.

Catherine

Entre deux guirlandes, je me souviens
De la guerre que je faisais si bien
À une amie de jadis et naguère.

En bordure de la forêt de Corsuet,
Elle avait eu le front de verser le château
D'eau sur le chaudron de mon cœur.

J'allais stupidement entrer en résistance
Contre la liberté de ses attirances.

Cette campagne creusa quatre tranchées
Dans la montagne, pour être finalement abattue
À la Saint-Valentin de 1987 : *" Je te déteste."*

La glace n'est pas rompue

Il gèle comme à Moscou dans mon corps,
Il fait un froid de loup dans mon cœur.

Je regarde de loin mes congénères
Allumer le feu des joies ménagères.

Je voudrais me rendre à l'église,
Au bras chaud d'une promise.

Je suis entouré d'énormes congères,
Qui me soufflent : *" Toutes des mégères ! "*

Le dernier tramway sur la place Rouge
Attend avec le docteur Jivago que je bouge.

Chambre à part

Il collectionne les chagrins d'amour
Et s'adonne aux tisons charnels.
Dans le blizzard de sa ruelle,
Il devrait s'en contenter toujours.

Quelle jeune femme pourrait encor
Vouloir de son âme et de son corps ?
À la tombée du destin, personne
Pour épouser sa main. Qu'il abandonne !

La dernière tentation du cycliste

Escarpins plantés au bord de la route,
Montrée du doigt par les élans honnêtes,
La fille présumée perdue m'arrête
Et me guide : *" Tu viens, Biloute ?! "*

Je pourrais perdre le nord
Mais l'oasis, qui hante mon corps
En cœur, puise le désert aux charmes :
" Où ça, Madame ?! "

À bonne école

De la cathédrale de Sens à la fontaine
Des Éléphants, j'ai perdu l'haleine
De l'amour qui trompe le temps.

Sans fiançailles pour saison,
Le travail est ma maison.
Et me consacrer aux enfants des autres
Ne fait pas de moi un mauvais apôtre.

Chaque jour davantage,
Au collège d'un joli village,
La jeunesse m'apprend
Qu'il reste un chapitre pour le dernier rang.

Ballon d'oxygène *

Le zéro tricolore au fond d'un car
D'Afrique du Sud n'a pas fait perdre le nord
Aux partisans de la beauté du sport.

En première ligne, Lilian Thuram a mis
Hors-jeu les professionnels du moindre effort,
Comme rappelé à leur conscience le petit garçon
Qui fait son sac pour l'entraînement ou le match.

Je me souviens si fort de la fièvre du samedi,
Quand le club et l'arbitre nous appelaient
Dans la lumière du rond central.

Point de non-retour

Un cycliste, à l'entame de la montée
Qui dessert le village de Saint-André,
Prend ses jambes à la table de l'hiver
Pour avaler un véritable calvaire.

Au plus bas, un peu plus haut,
Il ordonne à ses yeux fatigués
De plonger dans le lac prodigué.

Des gens marchent sur l'eau !
Jésus et ses apôtres seraient-ils revenus ?
Mais non, l'humanité n'a point rompu
La glace. Le rayon incident est clos.

Tandem *

Quand j'aurai accompli mon temps au collège,
Il me restera quelques cheveux de neige.
Aurai-je alors un pied dans la tombe
Ou encore l'envie de faire la bombe ?

Songer au fils du frérot suffit
À me fendre illico presto d'un *bis !*
D'ici la retraite de *Tonton*, le petit
Samuel aura pris de l'assurance.

L'entrain sans complexe
Qui appartient à la jeunesse
Le poussera dans la Croix de Fer
À relancer le développement de naguère.

Belle donne

Petit Pierre, grand amateur de truffes
Devant Danièle, Estelle et l'Éternel,
Avait entrepris de rejoindre sans tarder
Le lac de la Sagne, lorsqu'une tempête
Du diable l'arrêta net dans la forêt.

Aussi sec, un loup errant lui vanta
Les mérites d'un chaperon, écolo
Mais pas réactionnaire pour un sou.

Attentif, il fit bon compost de tout cela
Et, le bâton léger, reprit sa marche
De montagnard taiseux. Justice urgente
À rendre pour le déluge, soupe fumante
Et drôleries il partagea au refuge.

Samuel

Il nous regarde de bas, mais il sait
Déjà du haut de ses trois pommes
Qu'un grand voyage lui tend les bras,
Quand d'autres sont promis au dernier drap.

Hoirs du chemin de son enfance
Comme de l'air mutin qu'il nous lance,
Nous pouvons avancer vers l'étreinte
Qui relèvera toutes nos empreintes.

Ciel pascal

Le bon Dieu a mis la cloche sur le soleil,
C'est un reproche qu'il nous fait.
L'entendrons-nous dans ce sommeil
Qui ressemble à la honte que l'on tait ?

Désespérement, je suis seul ;
Autrement dit, un homme veule.
Place Saint-Pierre, nulle âme sœur
Pour me jeter le premier cœur.

La belle équipe *

Dans l'atelier sans bouquet, Vincent
Se sent triste d'être unique au monde.
L'arrivée du cachet de son frère Théo
Réussit à protéger ce savoir de lumière
Des critiques à la ronde vulgaires.

Voilà qu'une jolie fille plante ses talons
Sur la palette en vis-à-vis. Coup de foudre.
Le sang de Van Gogh ne fait qu'un tour.
Une oreille contre l'amour, quel point
De chute pour l'étranger aux noces !

Olivia

Mon cœur est trop petit
Pour elle qui remplit le monde
De son énergie blonde,

Mais plus je pense à la vie
Qu'elle mène et plus je sors
Des sentiers sans ressort.

Voyageuse jusqu'à l'extrême limite
De la faiblesse humaine, elle milite,
Lumineuse, pour la cause animale
Qui civilise à force tous les mâles.

Lors, dégringolé du gorille dans la brume
De Novalaise, j'ai les yeux qui s'allument
Et mon cœur devient balaise sous l'enclume.

Le poids de l'écho

Pour qui sonne le glas

En pensant encore et toujours au *petit ange blond* que la sublime Ingrid Bergman répétait à la perfection. Et l'ami Alain Barrière de chanter devant la cathédrale de Chambéry : " *Elle était si jolie...* "

Sans retenue

À l'heure où je rédige cette note, Gabrielle fait venir Saint Pierre à la porte. Et je l'imagine bien lui demander aussitôt : " *Où est Louis, mon grand amour ?* "
Gaby, je la connaissais depuis le début des années soixante ; nous étions alors une famille unie à l'internat de médecine, juste au-dessus de l'Hôtel-Dieu. Elle venait souvent klaxonner l'amitié, dans sa 404 rutilante de femme libérée. Elle devinait déjà qu'elle me taquinerait en m'appelant *mon fiancé*. On se souvenait d'elle partout ; et elle n'avait que faire des gens qui placent le cœur à la banque. Que dire de plus ? Elle nous manque.
Le salon Raspoutine, chemin des Ifs, se délecte encore des coups de griffe qu'elle savait donner, avec l'intelligence et l'humour d'une personne qui aime éperdument la vie. Une fille terrible, chante Johnny. Et, sous les Portiques, *le Lys d'or* brille toujours ; des émaux dans la vitrine, quel collier pour la reine !
Pain, amour, fantaisie, et un secret pour une fondue réussie : Gaby la Magnifique.

Ballon d'oxygène

La nostalgie du temps des copains, sur les terrains de hand du lycée Monge ou la pelouse du Dralis à Bassens. *Nous étions de si braves garçons*, témoigne encore l'arbitre Modiano.
http://www.pascaloupdesavoie.fr/2021/07/de-si-braves-garcons.html

Tandem

Une nouvelle part de mémoire émue pour Bernadette et Michel, qui ont merveilleusement roulé leur noce.

La belle équipe

Pour l'édition 2013 de la semaine de la langue française et de la francophonie, dix expressions ou mots ont été mobilisés au centre du terrain de jeu littéraire : équipe, atelier, bouquet, unique, cachet, protéger, savoir-faire, voilà, vis-à-vis, coup de foudre.
La région Rhône-Alpes a ajouté chute, étranger, noces, pour célébrer le centenaire de la naissance d'Albert Camus.

Sablier

Il est né Pascal,
de Jacqueline et Stéphane,
le 16 juin 1957 à 4h50,
sous le soleil de Paris exactement.

Au fil des jours écumés,
il aura connu des mistrals gagnants :
licence en droit à l'université de Savoie,
CAPES de documentation.

Qu'il ait renoncé au bouquet du podium
ne l'empêche nullement, gonflé à l'hélium,
de rouler dans les cols à l'eau claire,
avec son neveu Samuel et Philippe son frère.

Il fut un temps où je relevais ma grand-mère de sa planche ; désarmé à tout jamais d'un tel salut, pardonnez-moi si je flanche.

In fine, je lève mon écume
à la santé de Paul Verlaine :
" *Si ces hiers allaient manger nos beaux demains ?* "

(Les faux beaux jours / Sagesse ;
Société générale de librairie catholique, 1880.)

Algue

Battements de sort	7
À la limite du désert	21
Zoom	35
L'amour domine la solitude	41
Le poids de l'écho	63
Sablier	66

Copyright © Pascal Verbaere, 2022
Édition : BoD – Books on Demand, info@bod.fr
Impression : BoD – Books on Demand,
In de Tarpen 42, Norderstedt (Allemagne)
Impression à la demande
ISBN : 978-2-3224-2067-4
Dépôt légal : août 2022